GAETANO ALTOPIANO

Von der Freiheit des Huhns zu picken

Aus dem Italienischen von
Monika Lustig und Elvira M. Gross

Gaetano Altopianos Kürzestessays werfen uns mit wenigen Sätzen in die Tiefen einer existenziellen Auseinandersetzung mit Zeit, Bewusstsein und Identität. Wer sich zu sehr in seine Werke vertieft, wird bald die Grenze zwischen Realität und Fiktion infrage stellen. Mit einem Augenzwinkern spielt Altopiano gekonnt mit der Möglichkeit oder Unmöglichkeit der Existenz seiner Protagonisten. Er ist ein Meister der Verwirrung, doch immer mit einem „Glas klaren Verstandes" in der Hand, das den Leser daran erinnert, dass hinter dem überraschend Fragwürdigen eine tiefe, durchdachte Überlegung liegt.

Michele Scuirba, Herausgeber

1. Auflage 2024

www.editionfaust.de

Lektorat: Elvira M. Gross
Buchgestaltung, Satz: Kevin Mitrega, Schriftloesung
Druck und Verarbeitung: Gutenberg Press Ltd., Malta

ISBN: 978-3-949774-53-9

Inhalt

Zeitgeist

Da der technologische Fortschritt den moralisch-intellektuellen längst überholt, ja, wie vorherzusehen, sogar zu einem Rückschritt geführt hat, ist es heute unmöglich, von einem „Spirito del tempo“, einem „Geist der Zeit“ im Sinne Hegels, zu sprechen. Ein heutiger sogenannter *Zeitgeist* wäre einfach nur lachhaft: Eine Barockzeit, die sich über anderthalb Jahrhunderte erstreckte, wird es, zumindest nach derzeitigen Anhaltspunkten, nicht mehr geben, ebenso wenig eine Renaissance: Waren es doch Epochen, die ihrerzeit jeden Quadratmillimeter der Gesellschaft durchdrangen. Vielmehr haben wir es mit Tausenden loser Fragmente zu tun, die unmöglich kritisch zu durchleuchten sind und unseren Nachkommen nichts homogen Zusammenhängendes mehr sagen werden, weder über unsere Sitten und Bräuche noch über unsere künstlerischen Tendenzen, eben weil sie nicht zulassen, dass sich irgendein kollektiver Geist manifestiert (so ein solcher überhaupt je Sinn stiftet) – und zwar einfach deshalb, weil sie seiner entbehren: Sie entbehren jener „künstlerisch meisterhaften Gewohnheit“, die nur über einen längeren Zeitraum zu gewinnen und für jegliche Objektivierung unerlässlich ist. Undenkbar heute.

Die Stunde ohne Schatten

Die Simultaneität sorgt dafür, dass die Uhren in New York auf die Sekunde genau 12:00 Uhr schlagen, sobald die in Rom 18:00 Uhr desselben Sonnentags anzeigen. Wir könnten diesen Moment ebenso gut als „Moment der Stunde 12:00 und der Stunde 18:00" definieren, was

gleichermaßen zutrifft, wenn wir uns auf eine Zeiteinheit von 24 Stunden beziehen, die im Inneren der Erde als geschlossenes System abläuft, denn dieser Moment ist – absolut gesehen – simultan zum Zenit und zum Nadir jenes geschlossenen Systems hin ausgerichtet. Dennoch tun wir das nicht, und zwar aus dem Grund, weil die Zeit unseres Systems sich als Sonnenzeit und nicht als absolute Zeit versteht, auf welche das Licht nämlich keinerlei Auswirkungen hat. Dieser Moment ist – auf der Erde – kein beliebiger innerhalb einer absoluten Zeiterhebung, sondern der Moment, in dem Punkte ein und desselben geschlossenen Systems auf unterschiedliche Weise einer Lichtquelle ausgesetzt sind, und Menschen, die zu dieser Stunde einen Unterschied in ihrem Schattenwurf erkennen und demzufolge bestimmen, dass es an dem einen Orte Morgen und an dem anderen Nachmittag ist. Gäbe es tatsächlich eine Stunde ohne Schatten (wir befinden uns im Bereich der Vermutungen – doch die universale Zeit hat weder Schatten noch Licht), würde man die Wände erklimmen und die Abgründe erforschen und sich dabei gleichzeitig in Richtung eines höheren und eines tieferen Punkts bewegen, ohne widerlegt zu werden. Die Stunde ohne Schatten würde dem Menschen zeigen, wie er sich gleichzeitig hin zum Alter und zur Jugend neigt.

Der Zweifel des Hundes

Zuweilen überkommt mich ein unnatürliches Verlangen nach Aufklärung, und zwar mehr als es sonst der Fall ist, wenn ich etwas nicht gut verstanden habe. Es ist, wie wenn ich in einem Schreibtisch, dessen sämtliche Schubladen ich bereits geleert habe – deutlich steht mir die Szene noch vor Augen – unergründlicherweise versuche, noch eine Schublade zu finden, die ich kontrollieren könnte, weil ich hundertprozentig davon überzeugt bin, dass es trotz allem dort zu finden sein muss. Oder als suchte ich in einer Straße, die eindeutig mit der Hausnummer 100 endet, hartnäckig nach der Nummer 102. An solchen Tagen kann ich es nicht dabei belassen, eine Szene aus einem Film noch einmal zu sehen, dieselbe Seite eines Buchs dreimal zu lesen, mir einen Satz vorzusagen oder zu begreifen versuchen, was genau vor sich geht, indem ich fortwährend die Gedanken neu ordne. Es drängt mich weiter und weiter hinaus. Hinaus über das Register des Verstandenhabens hin zu einem Konzept, das mit der Idee, eine absolute Sättigung zu erreichen, zu tun hat – wie bei einem Hund: Doch es gibt sie nicht.

Blickwinkel

Die Fotografie ist nicht mein Steckenpferd. Ich kann mich nicht erinnern, jemals mehr als „Gefällt mir/Gefällt mir nicht" dazu geäußert, geschweige eine echte Meinung beigesteuert zu haben – und falls doch, dann geschah es rein instinktiv, da ich überhaupt keine technischen Kenntnisse habe. Mir fehlt jegliches Wissen zu den grundlegenden Mechanismen wie Beleuchtung, Chiaroscuro-Effekt, Farbgebung, Belichtungsdauer, Aufnahmewinkel oder den zig anderen Einstellungen, die es letztlich braucht, um aus einer Aufnahme ein gutes Foto zu machen. Ich denke jedoch, großteils hängt es von den Umständen ab. Es gibt den einen Moment, in dem die Aufnahme einfach gemacht werden muss, und keinen anderen. Einen Moment, den wir „des Zufalls Liebling" nennen wollen; zum Beispiel den Augenblick, in dem der Barista mit einem einzigen Handgriff den Hebel der unter Druck stehenden Maschine auf zwei Löffelvoll Caffè-Pulver senkt; den Augenblick, da ein Lichtstrahl auf einen Teil des Universums trifft, nämlich genau zwischen der Wand, an der der Wassertank ruht, und der Theke; den Augenblick, da plötzlich Millionen von Staubpartikeln der Bewegung des Arms folgend aufsteigen, wodurch sich unwissentlich eine universelle geometrische Regel ausdrückt. Katheten, Hypotenuse, Sechziggradwinkel.

Mikrozephalie

Der Mensch der westlichen Hemisphäre neigt zur Mikrozephalie. Ich kann einen immer deutlicher sich abzeichnenden Rückgang des menschlichen Schädelumfangs (besonders bei großgewachsenen jungen Menschen) beobachten. Erst nahm ich an, es handele sich dabei um ein Ausmaß von Kubikzentimetern, darauf zurückzuführen, dass gewisse Areale des Gehirns, zuständig für spezielle Aufgaben wie Rechnen, Übersetzen, von Hand Schreiben, Zeichnen, körperliche Anstrengungen überflüssig geworden sind. Doch das allein war es nicht. Es handelt sich vielmehr um eine genetische Anpassung, die darauf abzielt, das Problem der Versorgung einer unvorstellbar großen Anzahl von Individuen abzuschwächen – die Unverhältnismäßigkeit hinsichtlich des Zielwerts, der noch bis vor weniger als einem Jahrhundert durch Kriege und Epidemien gestützt wurde, nun jedoch unerwartet, auch aufgrund gegenwärtiger Einwanderungswellen, angestiegen ist. Von all den intellektuellen Anlagen abgesehen, würde das System zuerst die für die menschliche Spezies gefährlichste und kostenträchtigste gesundschrumpfen, und zwar die der speziellen Ernährung, als deren Erfinder und Nutznießer der moderne, insbesondere der westliche Mensch gilt, der als einziges Lebewesen sich ab einem bestimmten histo-

rischen Moment von gekochtem Essen ernährte: zubereitet eigens für seine Gaumenfreuden und mit geringem Nährstoffgehalt. Eine Eigenart, die im Laufe der Zeit mächtige Volkswirtschaften an ihre Grenzen gebracht, zu untragbaren Produktionskosten geführt und eine Ernährungsweise verstetigt hat, die allein mit der Wirtschaftskraft eines einzelnen Staates für derart viele Individuen nicht aufrechtzuerhalten ist. Eine Katastrophe.
Es ist vorstellbar, dass sich in Zukunft eine Unterspezies entwickelt, deren Gehirn von 1 350 auf 1 000/800 Kubikzentimeter geschrumpft ist und die zwar unvernünftig, aber bereit ist, unverarbeitete Nahrung zu sich zu nehmen, wie sie in der Natur oder an den Straßenrändern zu finden ist: Gras, Baumrinde, Tierkadaver, Abfallmaterialien, vielleicht sogar Plastik.

El Sur

Nicht nur Buenos Aires, womit traditionell das von den Straßen Paseo Colon, Brasil, Via Victoria und Entre Ríos begrenzte Gebiet gemeint ist, steht dichterisch für „das ursprüngliche Wesen, die Universalform, die platonische Idee dieser Stadt“. Sondern jede Stadt, jeder Ort, jedes Ding hat seinen *Sur*. Selbst die Hunde. Und der Typ, der auf der Piazza del Duomo in Cefalù, unterhalb der Rocca, des die Stadt überragenden Felsens, und des Tempels der Diana, zwei schwarze spanische Windhunde, Galgo genannt, ausführt, dürfte sich dessen nicht einmal bewusst sein. Aber der spanische Windhund ist der Inbegriff von Hund, er ist seine Universalform, die platonische Idee dessen, was diese Tierspezies ausmacht. Einmal einen Galgo zu Gesicht bekommen, kann man einen Hund unmöglich anders denken als mit dem mageren Leib, dem sehr langen Schwanz; wenn er etwas anzeigt, das man selbst nicht sehen kann, erstarrt er und legt sich daraufhin seinem Herrchen zu Füßen, den Kopf zwischen den Pfoten und nur für eine Sekunde die Augen schließend. Öffnet er sie wieder, spricht aus ihnen Eleganz und Schrecken.

Italiener über sechs Jahre

Eines Tages wird sich herausstellen, dass die Statistik eine der besonders gefährlichen „Wissenschaften" ist. Sie dient allein dazu, Berechnungen anzustellen, die nichts oder so gut wie nichts aussagen, vielmehr die Wirklichkeit verzerren, und das mit verheerenden Auswirkungen für diejenigen, die etwa fünfzig Jahre später solche Daten lesen und nutzen sollen. Beispielsweise könnten acht Jahre lang glühend heiße Sommer registriert werden, mit einem Maximum von 45 Grad Celsius und einem Minimum von 30 Grad Celsius, während im neunten und zehnten Sommer Höchstwerte von nur 20 Grad Celsius und niedrigste von 15 Grad Celsius verzeichnet würden. Diese Temperaturen würden den Durchschnitt der letzten zehn Jahre von 37,5 auf 33,5 Grad Celsius senken und somit ein ganzes Jahrzehnt auf ein normales Temperaturniveau bringen, obwohl es in Wirklichkeit besonders heiß war. Eine Datenlage, die, erneut gelesen und in zeitlichem Abstand interpretiert, die Geschichte durch ein falsches Narrativ verändert. Die Statistik liefert surreale Daten: Kinder, die bis zum Alter von 5,9 Jahren gratis übernachten; Italiener, die im Jahr 2065 ein Lebensalter von mehr als 85,7 Jahren erreichen werden; genutzte Urlaubstage der Deutschen: 45,8; Italiener über sechs Jahre, die erklären, in diesem Jahr nicht ein einziges Buch gelesen zu haben: 33 Millionen.

Scheinbar wahre Sätze, scheinbar falsche Sätze

Die Tatsache, dass der Planet, auf dem wir leben, die Form einer Kugel hat, berechtigt einen nicht, es zu behaupten, ohne sich dabei der Gefahr des Widerspruchs auszusetzen. Tatsächlich hat nämlich, was vor uns liegt, nicht im Geringsten etwas mit einer Kugel zu tun, sondern ist stets eine mehr oder weniger ebene Horizontale. Die Sphärizität, die wir nicht sehen, als gegeben anzunehmen, und die Horizontalität, also das, was wir sehen, zu leugnen, würde eine falsche Aussage generieren. Das stimmt so aber nicht. Und zwar einfach deshalb, weil die Welt, die sich vor uns erstreckt, ja nicht „die ganze" Welt ist, die wir bewohnen, sondern nur ein minimaler Teil davon, und in Wirklichkeit, gemessen an unserer Dimension, vollkommen flach ist. Wenn wir annehmen, dass die Welt eine Kugel ist, haben wir folglich, abgesehen von der wissenschaftlichen Faktizität und unserer eigenen Erfahrung, eine wahre Aussage gemacht, die aber auf einem Vertrauensverhältnis beruht (weswegen sie nur scheinbar wahr ist). Behaupten wir umgekehrt das Gegenteil, wozu wir vollkommen berechtigt sind, weil es unserer Erfahrung entspricht, indem wir sagen, die Erde sei flach, haben wir eine falsche Aussage gemacht, in der Wirklichkeit jedoch nur dem Anschein nach. Denn in der Tat kann eine Behauptung, die der Erfahrung entspringt, niemals falsch sein.

Kosten und Gewinne

Der Versuch, die „Parabel vom zerbrochenen Fenster“ des Ökonomen Frédéric Bastiat zu untermauern, wonach der Gewinn von sechs Francs für einen Glasermeister, der gerufen wurde, um die von einem Burschen mutwillig eingeschlagene Scheibe zu ersetzen, nur ein vermeintlicher sei, da diese sechs Francs möglicherweise anderen Handwerkern – dem Schuster beispielsweise – entgingen, scheitert. Vor allem in Bezug auf folgende Passage, wonach ein Zeitungsartikel das Adlerauge Bastiats lobt und die Kurzsichtigkeit anderer Ökonomen tadelt: „Die zerbrochene Glasscheibe bedeutet einen Anreiz für die Glasindustrie von sechs Francs; *das ist, was man sieht.* Wäre das Glas nicht zu Bruch gegangen, hätte die Schuhindustrie (oder irgendeine andere) einen Anreiz in der Höhe von sechs Francs erhalten; *das ist, was man nicht sieht.*“ Das hat die Optik einer Wirtschaftsplanungsstudie in großem oder sehr großem Maßstab. Wer aber würde mit mathematischer Sicherheit behaupten wollen, dass die sechs Francs, die aufgrund eines nicht erfolgten Austauschs der Glasscheibe eingespart wurden, tatsächlich einer anderen Sache zugutekommen? Aufgrund welchen Prinzips sollten sie denn tatsächlich nicht nicht ausgegeben worden sein, wenn nicht einzig und allein für das zu Bruch gegangene Glas? Es ist nicht nachvollziehbar, eine einfache Tatsache zur Theorie erheben zu wollen – dass eine Reise nach Paris anstatt nach London zu unternehmen zugleich den Gewinn in Abrede stellt, der ein Besuch der britischen Hauptstadt oder, wenn man so will, aller anderen Städte der Welt erbracht hätte. Dies gilt umso mehr, wenn die letztmögliche und einzige Eventualität außer Acht gelassen wird, die diese widerlegen würde, nämlich jene, zu Hause zu bleiben.

Die Boshafte

Auch Menschen machen schreckliche Erfahrungen, nicht nur Hunde. So kann es ihnen geschehen, dass sie hungern müssen, schuften, ohne dafür entgolten zu werden, oder, schlimmer noch, ein tristes Leben führen, genau wie im Falle eines gewissen C., dem unseligerweise eine Ehefrau widerfahren war, die ihn aus Bosheit immerzu quälte. Wegen nichts und wieder nichts. Sie riss ihn aus dem Schlummer und befahl ihm, beim Schlafen nur ein Auge zuzumachen. Sie setzte ihm zu, indem sie ihn mit Schmirgelpapier abrieb, und gebot ihm, ihren unglaublichsten Fantasien willfährig zu sein. C. wurde wiederholt, auch in Gegenwart von Gästen, geprügelt. Er wurde gezwungen, Abfälle zu essen, zu trinken, was andere übrig ließen, und, infolge einer Verletzung, die in Wundbrand überging, sogar eine viktorianische Halskrause zu tragen.

Nicht statische Gesichter

Die Dame ist eine Hämotusologin, also eine Person, die sich auf die Analyse der Gesichtszüge versteht und wichtige Indizien daraus zu ziehen weiß; zum Beispiel, was einer gerade denkt; was einer in den Minuten nach der Analyse zu tun beabsichtigt; ob einer in einen Mord verwickelt ist. Ähnlich den alten Theorien eines Cesare Lombroso, die heute als purer Irrsinn gelten, nur dass die Diagnose Gesichter in Bewegung, nicht statische betrifft. Mit anderen Worten haben laut Hämotusologie nicht alle Kriminellen bestimmte physiognomische Merkmale, die sie verraten (wie Lombroso es behauptete), doch in Bedrängnis und unter dem Druck gezielter Fragen zeigen sie übereinstimmende Reaktionen in der Mimik. Eine Neubewertung der Theorien eines Lombroso wäre also nicht so falsch in Anbetracht dessen, dass der Unterschied zu dieser neuen Wissenschaft ganz einfach darin bestünde, ein Auto beispielsweise nicht anhand seiner Form, sondern daran zu erkennen, wie es zur Straße hin ausgerichtet ist.

Von der Freiheit des Huhns zu picken

Eine unserer aufdringlichsten Schwächen (gewiss nicht unsere gefährlichste) ist die, dass wir uns unweigerlich einfühlen. Wenn es sich um Mitleid mit Unseresgleichen handelt – mit jenen, die weniger vom Glück gesegnet sind –, ist es gerade noch zulässig, dass wir uns in fremdes Unglück hineinversetzen, ein natürlich gegebener Umstand. Es rührt uns aber auch sehr Fernstehendes an, wovon wir nichts oder bestenfalls ein ganz klein wenig wissen: das Leben der Tiere. Wir halten es für selbstverständlich – und unser Bemühen in dieser Hinsicht geht so weit, echte und umso fragwürdigere Sensibilisierungskampagnen loszutreten –, dass ein Huhn, das frei auf der Tenne scharren und picken kann, ein glücklicheres Leben hat als eines, das in einer Legebatterie eingepfercht ist. Was sicherlich der Fall ist, doch nur für unser Gewissen voller moralischer Pflichten, einschließlich der, „auch" für die Umwelt, in der wir leben, Sorge zu tragen und zu versuchen, sie menschlicher zu gestalten. Das Huhn aber kennt keine bessere *Conditio* als die, die es vorfindet, es konzipiert nichts anderes, nimmt hin, was ihm widerfährt, plant keine bessere Zukunft, so wie wir dazu in der Lage sind, zumindest in der Theorie. Niemand ist imstande zu beweisen, dass ein Huhn, das in einem Käfig eingesperrt ist und nahe einem Huhn lebt, das frei picken kann, so etwas wie Neid verspürt oder die Freiheit seines Nachbarhuhns anstrebt. Ebenso undenkbar ist es zu glauben, dass ein Fasan sich glücklich schätzt, nur weil ein Jäger ihn am Tag vor Heiligabend verfehlt hat.

Um ein Quäntchen größer als ich

1)

Laut der Universität Glasgow stellen Großeltern für ihre Enkel einen Risikofaktor dar – sie sind „zu nachsichtig": Sie erlauben ihnen, sich falsch zu ernähren, und fördern die Bewegungsfaulheit. Zwei Dinge sind hier festzuhalten, erstens, dass die Universität von Glasgow eine derartige Studie anstellt und dabei zu keiner anderen als dieser höchst banalen Schlussfolgerung gelangt (vom Typ, das Automobil ist ein Risikofaktor für die Gesundheit: Tritt man zu sehr aufs Gaspedal, kommt es zu schwerwiegenden Unfällen); zweitens die Frage, wieso eine Presseagentur einer derartigen Nachricht unverdienterweise eine solche Prominenz verleiht. Entbehrungsreiche Zeiten – *des vaches maigres* – in jeder Hinsicht. Es gibt keine Nachricht. Es gibt keinen Journalisten. Es gibt keine Leser.

2)

Apropos *vaches*. Mir ist zu Ohren gekommen, dass der Bison, ein prächtiges und riesiges Tier, der im Grunde so friedliebend und zurückgezogen lebt wie ein Regenwurm, obendrein ein Kuhfetischist ist. In dem Sinne, dass er die Kuh dem weiblichen Bison bei Weitem vorzieht. Die Nachricht regt mich an. Liegt es wohl an dem schwarzen, glatten und unbehaarten Hinterteil der Kuh, das an einen

Nylonstrumpf erinnert? Im Zoo von Stockholm sah ich einmal dreißig Meter entfernt eine Gruppe rastender Kühe: Noch nie habe ich derart eindrucksvolle Tiere gesehen und augenblicklich verliebte ich mich. Davon erzähle ich Francesco Gambaro immer wieder.

Wildlachs

Müsste ich eine Analyse meiner eingenommenen Nahrung anstellen, genauer gesagt, deren Herkunft und Qualität bestimmen, wäre es mir eine Qual. Für den Fall, es würde mir gelingen – mit den derzeit verfügbaren Mitteln unvorstellbar –, welchen Nutzen sollte ich daraus ziehen? Eine Wertung vornehmen, den aktuellen Kurs abfragen, den Preis als gerechtfertigt anerkennen oder ihn sachkundig ablehnen. All das würde mir nicht viel nützen, da eine solche Untersuchung auf einem einzigen Aspekt beruht, nämlich dass ich etwas für überteuert halte, während die Qualität der Speisen, zugegeben, ohne weiter auf ihre Herkunft zu achten, augenscheinlich ausgezeichnet ist. Wenn ich so darüber nachdenke, nehme ich besser hin, was man mir sagt. Ich entscheide mich also für das Vertrauen, doch es währt nicht lange. Das hier ist Wildlachs, das da ist Carpaccio vom Stör, das da ist norwegische Lachsforelle. Ich wiederhole mir im Geist, was der Maître gerade aufgezählt hat, und etwas stimmt nicht. Ich erinnere mich, dass die einzigen Wildtiere, die „wild“ genannt werden dürfen, die Pferde sind. Was den Rest angeht, ist die gesamte Fauna dieses Planeten im Wildstatus wild. Auch der Lachs. Ich bestätige, dass ich folglich nicht eine Lira dafür zu bezahlen gedenke.

Im Atomaren das Subatomare

Zum Befund von Doktor P., Ultraschalldiagnostiker, die Exploration des gesamten Bauchraums des Herrn G. betreffend, den oberen wie den unteren Bereich, der überdies korrekt formuliert ist und besonders interessant in einem Abschnitt, von dem ich die einzige Zeile von Belang hier wiedergebe: „dysmorphe Gallenblase, hakenförmig gekrümmt, funktionale Einstellung besonders hypotonisch, vom unteren Rand der Leber hängend, verdickter Inhalt"; diese Diagnose, sagte ich, müsste laut Herrn G., der sich tatsächlich weigerte, die ärztliche Leistung zu bezahlen, um ein wesentliches Detail ergänzt werden, nämlich um die Frage, ob die Gallenblase rechtsseitig oder linkseitig vergrößert war. Nach einer ersten rudimentären Hepatoskopie, besser bekannt als Hieroskopie oder Hieromantie, aus der Zeit 3 000 v. Chr. in Babylonien hätte eine rechtsseitig vergrößerte Leber Erfolg bedeutet, linksseitig hingegen Sieg des Feinds.

Sibirische Erziehung

Ich stütze meine Behauptung auf eine wahre Begebenheit. Einen „tierischen physischen Schmerz“, der dem „menschlichen physischen Schmerz“ entspricht, gibt es nicht, vielmehr ist jener uns gänzlich fremd: ein Schmerz, ohne seine dramatische Komponente. Undenkbar für unsere Spezies. Zu leiden, Schmerz zu empfinden, ist in jener Welt eine Lebenserfahrung wie jede andere auch. Mitleid mit einem kranken Kätzchen zu haben ist überflüssig, es hat Sinn nur für uns, die wir das Leiden auch als einen „schmerzlichen“ Zustand wahrnehmen. Eine solche Einsicht haben die Tiere nicht. Einmal war mein Hund nicht mehr in der Lage, seine Hinterbeine zu heben, er schleifte die Pfoten über den Boden und blickte mich stumm an. Ich stellte verschiedenerlei Vermutungen an und wartete erstmal ab. Am Nachmittag jedoch sah ich mich gezwungen, mit ihm zum Tierarzt zu gehen. Am Ende war es nichts Schlimmes, ein Trauma, das sich innerhalb weniger Tage von selbst löste. Was mich beeindruckte und heute diesen Schluss ziehen lässt, war, mit welcher Distanz Milo diese Qual ertrug: nicht ein Winseln, nicht eine Träne, fast so, als würde ein anderer den Schmerz empfinden, nicht er. Tatsächlich war ich es.

Wohlgerüche

Er gab an, *Die Gesänge von Maldoro* röchen nach panierten Pilzen. Was den Geruch eines Romans oder auch eines Essays oder einer Erzählung ausmache, sei nicht nur der Breitengrad der Handlung oder das behandelte Thema – wie wir es uns aufgrund der Unterschiede in der je lokalen Flora und Fauna oder der Entfernung von Meer und Bergketten erwarten würden – sondern es sind die flüchtigen organischen Verbindungen, die der Leser über diesen Seiten verliert: benutzte Kosmetika und Waschmittel, zubereitete Speisen, Art der Abgase, Anzahl der Restaurants, Schulen Kasernen, Krankenhäuser in der Nähe. Noch ein wichtiges Detail fügte er hinzu: Persönlich waren ihm Fragezeichen, Ausrufezeichen und Auslassungspunkte zuwider und menschliche Köpfe von übertrieben runder Form unerträglich. Er schloss mit einer beunruhigenden Anmerkung: *Krieg und Frieden* dufte nach Zagara-Zuma-Orangen.

Spionage

Angelegentlich eines Regens, der aufkam, um meinen Spaziergang zu unterbrechen, erfahre ich, dass mir „nachgeforscht“ wurde. Was an sich nichts Neues wäre, angesichts der Vermutung, unausgesetzt via Internet, Handy, Videokameras und Satellitensysteme ausspioniert zu werden. Aber es ist die brutale Gelassenheit, mit der diese Tatsache vorgebracht wird, die mich verstört, die „Gewissheit des Wissens“ im Nachhinein. Zu den Fakten. Halbverschwitzt und aus Sorge, mich zu erkälten, mache ich dem ersten vorbeikommenden Auto ein Zeichen, mich mitzunehmen, und habe Glück. Entgegen jeder Vorhersage fällt der Regen schräg aus westlicher Richtung, immer stärker, bis es mir am Ende der Fahrt unmöglich ist, wieder aus dem Opel Corsa auszusteigen. Folglich bleibe ich einige Minuten neben dem fünfundsiebzigjährigen Herrn G. sitzen, der sich in der Zwischenzeit vorgestellt hat. Er wohnt auf einem Hügel. Er ist aus Palermo. Er lebt seit zwanzig Jahren hier. Ich erzähle ihm, dass ich hin und wieder zu therapeutischen Zwecken ein bis anderthalb Stunden dieses Stück Landstraße entlangspaziere. Doch die Antwort des Mannes – die er mir in völliger Unschuld gibt – lässt mir das Blut in den Adern gefrieren: „Sie kommen jeden Tag hierher“, stellt er meine Aussage richtig, „ich habe Sie beobachtet“.

ICH HABE SIE BEOBACHTET. Dieser Ausdruck hat wenig gemein mit dem geläufigen *Ich habe Sie gesehen*, vertraut und beruhigend wie ein *Ich habe flüchtig mitbekommen, dass Sie hier Ihre Spaziergänge machen*, sehr viel mehr hingegen mit dem entsetzlichen *Ich habe sehr interessiert Ihre Schritte verfolgt und kann mit Gewissheit bestätigen, dass Sie hier spazieren gehen*. Anders gesagt, *Ich habe Sie ausspioniert*. Mir wird ein Umstand bewusst, dem ich bis dato nie Bedeutung beigemessen habe, der mir aber jetzt entscheidend erscheint: Es gibt einen Teil unseres Lebens, der unserer Kontrolle entgleitet, wir werden hierüber nicht die Oberhand gewinnen. Und es gibt einen Unterschied zwischen dem Wissen, dass in der Welt etwas ohne unser Wissen geschieht, und dem Wissen, dass etwas uns Betreffendes ohne unser Wissen in der Welt geschieht. Zweiteres ist wesentlich für unsere persönliche Zerstörung.

Paradies für Jäger

Der Glaube an die guten alten Zeiten (dass sie tatsächlich besser waren als die, in denen wir heute leben) ist eine universale Illusion. Es gibt keinen Menschen, der sie nicht nostalgisch heraufbeschwört, dabei aber vergisst, dass jede glückliche Vergangenheit zugleich die weniger glückliche Gegenwart eines anderen war, der seinerseits einer glücklichen Vergangenheit nachweint, die ihrerseits die weniger glückliche Gegenwart eines wieder anderen gewesen ist. Eine jahrtausendelange Kette von Klagen. Angefangen bei meinen Kindern, die, unglaublich, bereits von den *Tempi passati* reden, und endet im Mesolithikum, wo sich der Mensch laut Mircea Eliade (*Geschichte der religiösen Ideen*) bereits zum mythischen Ahnenkult bekannte und die vorausgegangene Eiszeit als ein „Paradies für Jäger" beschwor.

Fiktive Massepartikel

Das *Großvaterparadoxon* (1943) beweist angeblich die Unmöglichkeit von Zeitreisen. Angenommen, ein Enkel reist in der Zeit zurück und tötet seinen Großvater, noch bevor dieser die Großmutter heiraten und Nachfahren zeugen konnte. Die Tötung des Großvaters würde die Existenz des Enkels unmöglich machen und folglich auch die Reise selbst, die die Tötung des Großvaters zum Ziel hatte. Aber das Großvaterparadoxon gilt nur für direkte Verwandtschaftslinien und beweist nur einen Teil seiner Theorie: Ein Enkel könnte niemals seinen Großvater vor der eigenen Geburt töten; es beweist nicht, dass es unmöglich ist, in der Zeit zu reisen. Es verliert seine Sinnhaftigkeit, sobald die Protagonisten dieser Theorie zwei Fremde sind und sich die so strenge Kausalität nicht erfüllt. Wenn wir eine neue Theorie aufstellen, die wir (in referentieller Anlehnung) das „Paradoxon des Großvaters eines anderen" nennen wollen, könnte ein x-beliebiger Enkel bestens in der Zeit zurückreisen und einen x-beliebigen Großvater umbringen, der nicht der seine ist.

Klang

Der Klang entsteht durch Vibration eines oszillierenden Körpers, aber er ist auch eine mit dieser Vibration verbundene Hörerfahrung. Er ist weder dem Körper in Oszillation eigen noch dem Wahrnehmungsvermögen, sondern ist „etwas", das zwischen beiden existiert, und zwar zwischen Ohr und emittierendem Objekt, weswegen er weder zur Quelle, die ihn erzeugt, noch zum Empfänger gehört. Eine Harfe, um es zu verdeutlichen, besteht aus einer bestimmten Anzahl von Saiten, kleinen Schrauben, einem Rahmen, der das alles zusammenhält; das eignet ihr, aber nicht der Klang. Nur wenn sie entsprechend stimuliert wird, kann sie diesen erzeugen. Das Gleiche gilt für unser Hörorgan, dessen Funktionsweise uns bestens bekannt ist. Wird nun die Harfe zu einem gegebenen Moment und für eine bestimmte Dauer gezupft, erzeugt sie eine Melodie, die zu hören keiner leugnen könnte, es sei denn, ihm fehlte anatomisch das Gehör. Wenn man aber jemanden dazu auffordern würde, diese Melodie, so sie existiert und zu hören ist, an einem bestimmten Punkt des Raums zu lokalisieren, würde es niemandem gelingen. Und zwar deshalb, weil der Klang eine „Qualität" der Vibration der Harfensaiten und nicht die Vibration selbst ist und wie alle derartigen Qualitäten nicht an einem Ort ständig vorhanden ist, da es sich hierbei um keinen residenten Besitz handelt. Sie gehört zu der Kategorie von „Dingen", deren Existenz wir erfahren, die wir jedoch physisch nicht verorten können, wie wir es sehr wohl mit der Stadt Paris, mit einer Kaffeemaschine, mit der Nase meines Cousins oder mit dem Krieg in Syrien tun können. Die Hitze, der Duft einer Blume, das Aroma eines Gewürzes, das Vergnügen einer guten Lektüre sind Beispiele für solche Eigenschaften. Und das Schweigen ist es auch.

Ein Leben

Der einzige Grad an Zeit, den wir wirklich ermitteln können, ist unsere persönliche Zeit. Das gilt umso mehr, wenn wir allein in einem Raum eingeschlossen sind, ohne störende Geräusche. Dort hören wir sie tatsächlich „fließen". Zumal wir die Dinge, unsere Artgenossen und die kontingente Wirklichkeit erkennen, können wir nicht leugnen, dass jede persönliche Zeit in einer weiträumigeren mündet, die uns allen gilt, sich jedoch auf einer uns so unzugänglichen Stufe erfüllt, dass sie sich jeder Überprüfung entzieht. In der Tat gelingt es uns nicht, unsere geringe persönliche Erfahrung zu überschreiten. Die allerdings ein bedeutendes und unerwartetes Paradox hervorbringt, wonach (hypothetisch) ein jeder seine Zeit hat und damit auch seine „Idee" von Zeit. Und das stimmt auch. Es erklärt, warum die sechs Monate Prozessvertagung für den Richter nicht die sechs Monate für den Angeklagten sind und auch nicht die sechs Monate Vorlesungen eines Professors für Ästhetik noch die sechs Monate Schwangerschaft bei einer Frau. Und noch viel weniger die eines Monarchfalters, der in sechs Monaten eine sehr lange Reise macht, von Mexiko bis in die Vereinigten Staaten. Ein Leben.

Der Gewöhnliche

Ich frage mich, wie es möglich ist, Architekt zu sein und zugleich ein *bifolco* (hier ist ein Rüpel gemeint, den ich kenne). Wie ist es möglich, das Schöne so sehr zu lieben, dass man ihm ein ganzes Universitätsstudium gewidmet hat, und dann verbissen inmitten grober Hässlichkeit zu leben. Es ließe sich einwenden, dass auch illustre Persönlichkeiten ihre Schwächen hatten, trotz Zugehörigkeit zu jenem höherstehenden Universum. Konfuzius sprach nur im Dialekt, und der Bourbonenkönig Ferdinand IV. war, abgesehen davon, dass er nur Neapolitanisch konnte, ein echter *Lazzarone*. Aber darum geht es nicht. Der Mann, von dem ich spreche, drückt sich in einem gewählten Italienisch aus. Doch wenn ich es so bedenke, habe ich gerade dank dieses Einwurfs die Antwort auf meine Frage gefunden: Im Gegensatz zu jenen ist er nämlich nicht dazu bestimmt, in die Annalen einzugehen.

Il boia – der Scharfrichter

Die Sprache, die die enorme Bedeutungsschwere des Wortes *boia* (der Einzige, der töten darf, ohne ein Mörder zu sein) am schärfsten zum Ausdruck bringt, ist das Deutsche. Bei uns hat es lediglich eine historische Wurzel: *Boia* war der Name eines Folterhalsbands im römischen

Reich; im Französischen geht *bourreau* auf den dabei verwendeten kurzen Mantel zurück, im Türkischen (*cellat*) auf „Würgen“. *Nachrichter* im Deutschen bedeutet wörtlich: der nach dem Richter kommt, Scharfrichter, „wer mit dem Schwert oder Beil hinrichtet“.

Unfehlbarkeit

Müssten wir einen Satz wie „Wir haben absolutes Vertrauen in einen bestimmten Berufsstand“ philosophisch einordnen, könnten wir nur seine Verfehltheit konstatieren. Behaupten zu wollen, ein ganzer Stand setze sich aus gleichermaßen zuverlässigen Personen zusammen, ist verfehlt. Das genaue Gegenteil ist der Fall. Man überantwortet sich nämlich immer dem „bestmöglichen“ Rechtsanwalt oder dem „besten“ Arzt, und werden wir vom Schicksal ereilt, hoffen wir stets, dass, wer uns beisteht, eben zu jenen gehört, und anerkennen damit implizit, dass es Rechtsanwälte oder Ärzte gibt, die schlechter sind als andere (das Gleiche gilt auch für Schuhmacher, Steuerberater oder jedes andere Fach). In ethischer Hinsicht ist dieser Satz überdies tendenziös und gefährlich. Er ist eine eindeutige präventive Unterwerfungserklärung unter eine höhere Macht, die nicht von einer echten Anerkennung der Hierarchie oder etwa der Achtung vor dem Gesetz diktiert ist, sondern allein von der Angst, sich jemanden zum Feind zu machen. Mantraartig vorgebetet – wie zunehmend beim Richterstand der Fall – lässt dies unter den Adressaten sogar einen verschleierten Glauben an die Unfehlbarkeit durchblicken.

Null

Aus der Welt der Wissenschaft hören wir, dass sogar Bienen in der Lage sind, die Zahl Null zu erkennen. Was in Anbetracht der Komplexität eines derart abstrakten mathematischen Konzepts erstaunlich ist und noch mehr angesichts der bloß einen Million Neuronen, über die die kleinen Lebewesen verfügen – gegenüber den sechsundachtzig Millionen der menschlichen Spezies. Wollen wir einmal sehen, wie man zu dieser Erkenntnis gekommen ist. Forscher lockten die Insekten zu einer Wand mit kleinen weißen Zetteln daran, auf denen in Schwarz zwei bis fünf Formen gezeichnet waren. Nachdem sie die Bienen durch Futterbelohnung darauf trainiert hatten, Zettel mit einer kleineren oder einer größeren Anzahl von Formen auszuwählen – was unweigerlich einer kleineren oder größeren Nahrungsmenge entsprach –, wurden zwei neue Zahlen eingeführt: die Eins und die Null. An diesem Punkt haben die Insekten deutlich gemacht, zu wissen, dass die Null kleiner ist als die Eins (da keine der Bienen sich auf die Null, die null Nahrung entsprach, niederließ). Großer Beifall seitens der Universität. Zu Unrecht. Das Experiment beweist keineswegs, dass Bienen in der Lage sind, der Null einen Wert beizumessen – maximal erkannten sie in ihr eine „Blume" ohne Nahrung. Auf dem Papier hätte statt der Null auch „eine Million" oder „hundert Millionen“ stehen können, es hätte nichts geändert, denn bei Fehlen der Nahrung wäre dieser Zettel von den Bienen in jedem Fall als eine Null gewertet worden. Womit die obige Theorie vereitelt wäre.

Nachsatz

Chhatrapati Shivaji Terminus (Mumbai, Indien), 18:55 Uhr. Eine Mutter zu ihrem scheidenden Sohn: „Man muss immer die Wahrheit sagen. Um jeden Preis. Selbst wenn es falsch ist.“

Die Kunst des Urmenschen

Generell teile ich, genau wie der Banker Danglars, nicht vollends das Wohlwollen, das die Menschen für die Offenherzigkeit aufbringen. Im Gegenteil, ich halte sie für eine unangemessene und brutale Form der Kommunikation. Und ich glaube (immer noch generell), dass man ihr eher mit kleinmütiger als kritischer Miene begegnet, da sie fast immer in einer Verurteilung und nicht im Freispruch endet – ganz egal, worum es geht. Was kann ich über offenherzige Menschen sagen? Dass es ihnen an Takt fehlt, sie sich über gute Manieren hinwegsetzen und keine Diplomatie kennen. Dass ihre Hygienegewohnheiten ziemlich absonderlich sind. Nicht weniger unangebracht, als ohne Unterhosen herumzulaufen.

Holistische Medizin

Von Fällen der Hämochromatose abgesehen, gilt das Öffnen der Venen zum Ablassen von Blut zu therapeutischen Zwecken als sinnlose und primitive Praxis. Bis zur Mitte des neunzehnten Jahrhunderts wurde jedoch unverhältnismäßig davon Gebrauch gemacht. Der Aderlass galt als das Heilmittel schlechthin; Kolonien von Blutegel wurden zu diesem Zweck gezüchtet. De facto half das wenig und bezeugte nur den mangelhaften Wissensstand in der Medizin, die erst im 20. Jahrhundert die Grundlagen erwarb, um zu werden, was sie heute ist. Alles nahm seinen Anfang bei Hippokrates und seiner Humoralpathologie, wonach die Gesundheit eines Individuums ausschließlich von einem Überschuss oder Mangel eines der vier im menschlichen Körper vorhandenen Säfte abhängt: schwarze Galle, gelbe Galle, Schleim, Blut; und ist deren Gleichgewicht einmal gestört, kommt es zur Erkrankung. Galen führte diese Theorie weiter und hob die Humoraltheorie auf ein gewagtes Niveau, das auch die Persönlichkeit einbezog. Demnach bringt ein Zuviel an schwarzer Galle einen melancholischen Charakter hervor, an gelber Galle einen Choleriker, an Schleim einen Phlegmatiker und an Blut, versteht sich von selbst, einen Sanguiniker. Daher fällt es uns schwer zu glauben, dass eine Art von „Humoralpathologie“, ob man will oder nicht, das Prinzip sein soll, auf dem die individuelle Pharmakogenetik und der holistische Ansatz im Krankheitsfall gründen. Beide gelten als das Fortschrittlichste, das es in der Medizin heute gibt.

Der Schneiderfingernagel

Meinen Beobachtungen zufolge denke ich, dass bei unserer Jugend bald ein neuer Trend Furore machen wird, nicht weniger invasiv, als es die Piercings und Tätowierungen waren. Überdies kostenfrei, schmerzfrei, reversibel und im Gegensatz dazu auch nützlich: der „Schneiderfingernagel“. Während er bei uns wegen der zweifelhaften Typen, die ihn zur Schau trugen, nur als geschmacklose Laune gedeutet wurde, galt er in Russland und im Orient über Jahrhunderte als Zeichen von Distinguiertheit und gesellschaftlicher oder adeliger Zugehörigkeit. Von dort, nicht von unseren Breiten weht der der modische Wind für die jungen Leute, die sogar bereit sind, besondere „Nagelschützer“ zu tragen, die wie kleine Schwerter aussehen.

Maus, Kröte, Ringelnatter und Igel

Drei Tiergerippe in unmittelbarer Nähe. Zufall? Tatsächlich liegt die komplette Nahrungskette des Tals plattgedrückt auf dem Erdboden: eine Maus, eine Kröte und eine Ringelnatter. Dank meiner rudimentären Kenntnisse auf dem Gebiet der Thanatologie aus den Zeiten des Biologieunterrichts kann ich versichern, dass der schnellste Verwesungsprozess derjenige der Maus sein wird; was die Anzahl der Weichteile angeht, ist sie uns am ähnlichsten: am besten biologisch abbaubar; es bleibt nur ein kleiner Rest, um nicht aufgelöst in Kohlenstoffatomen zu enden. Die Ringelnatter hingegen, deren Schutzhaut das Einnisten von Aasfliegen und Saprophagen verhindert, ist in vielen Teilen noch intakt und geht ihrer Mumifizierung entgegen. Doch die Kröte ist es, die sich *alla grande* widersetzt: Sie verfügt über einen beneidenswerten Panzer. Von der Drei- ist sie zur Zweidimensionalität geschrumpft, ohne dabei augenscheinlich in Verwesung überzugehen, komplett formbeständig. Jetzt sieht die Kröte aus wie gedruckt. Doch fehlt da nicht noch jemand in der Produktionskette? Aus dem Biologieunterricht kann ich mich nicht mehr erinnern, ob es die Katze oder der Igel war; oder beide? Es ist der Igel. Da ist er ja, kugelrund wie ein Beachvolleyball, zehn Meter weiter vorn. Die eleganteste Leiche.

Dichtkunst

„An dem Fahrrad interessiert mich der poetische Aspekt", verlautbart ein dänischer Stadtplaner, bekannt für seine Studien über Radwege, worin er bestrebt ist, selbst als ein Dichter durchzugehen. Anzuzeigen ist, wie sehr sein lyrisches Elaborat – gesteht man ihm eine solche Qualität überhaupt zu –, von Schulmeisterei und Gemeinplätzen strotzt. (Wodurch mir das bisschen Interesse, das ich im ersten Teil des Interviews für den technischen Aspekt aufbrachte, definitiv abhandenkam.) Die Aussage ist derart naiv, dass sie mich beinah erschreckt: Besser, er beschränkte sich auf die Projektplanung – für ihn sogar sehr viel besser – und bewahrte über alles andere Stillschweigen. Das Fahrrad hat keinerlei poetische Seite, und falls doch, interessiert mich diese nicht mehr als ein bluttriefendes Lendenstück oder ein Jagdbomber im Sturzflug. Ein Fahrrad als poetisch zu bezeichnen, nur weil es das älteste, noch in Umlauf befindliche Fortbewegungsmittel ist oder weil sich Millionen junger Leute an seinem Sattel reiben und uns an das verlorene Paradies erinnern, kommt einer Aussage gleich, die unser Städteplaner sich hüten würde laut auszusprechen: Die Natur ist immer gut.

Die Intelligenz

Lange Zeit war ich in Thomas Edward Lawrence von Arabien verliebt. Sagen wir, meine ganze Jugendzeit über. Nicht nur in die legendäre Persönlichkeit, die er war, sondern (und vor allem) in seine Physis. Und wäre da nicht dieser stark prononcierte Unterkiefer gewesen, wie er für gewisse, nicht besonders attraktive, irgendwie affenartig anmutende Physiognomien typisch ist, hätte ich gern seinen Mund geküsst und ihn in meiner Fantasie zu meinem Liebhaber gemacht. (Natürlich nur, wenn er es auch gewollt hätte, das zu betonen ist mir wichtig, denn ich bin auch im Traum gewissenhaft und auf höchstmögliche Realitätstreue bedacht.) Über die Araber sagte er, Loyalität sei das, was sie am meisten schätzten. Und nichtsdestotrotz sei ihre größte Begabung die Gerissenheit, ihr Talent zum Handeln und Feilschen. Nicht die Intelligenz. Klärte mich auf über einen Unterschied, der mir bislang nicht ganz klar war: die Möglichkeit, dass das eine das andere ausschloss.

Das Durchdrehen der Schraube

Dass Kinder davon träumen, als Erwachsene einmal einen bestimmten Beruf auszuüben, ist ein Ammenmärchen. Das Gleiche gilt für das „Vorherbestimmtsein“, das wir uns gern einreden: Wir sind völlig im Bilde, weigern uns aber, es zuzugeben. Kein Kind träumt von Konkretem dieser Art, ganz einfach, weil es noch gar nicht in der Lage ist (und auch nicht das mindeste Interesse daran hat), die eigene Zukunft zu planen, und wenn es die klassische Frage mit der Nennung eines Berufs zu beantworten hat, dann lässt es sich ganz einfach etwas einfallen. Oder macht höchstens bei dem Spiel mit, bei dem man den Erwartungen anderer gemäß antworten muss. Seine Träume sind ganz anderer, zumeist fantastischer und animalischer Natur. Nur selten beziehen sie sich auf konkrete Dinge aus dem Alltag. Manchmal sind es schreckliche Nächte, die ein Kind durchlebt, in denen die Angst ihm das Fieber hochtreibt. Heimtückische Alpträume verfolgen es. Höllengestalten. Somnambulismus.

Wasser auf dem Mars

Als Welimir Chlebnikow zu Beginn des 20. Jahrhunderts „Das Gesetz der Wippe“ verfasste, formulierte er in diesen Versen wohl eine plausible Antwort auf das Dilemma hinsichtlich des Zwecks des Kampfes um das Überleben eines jeden lebenden Organismus: Dieser liegt allein im Dominanzbestreben einer Spezies über die andere. Der Selbsterhaltungstrieb, der sich im Wesentlichen im Streit um das Territorium, in der Anpassungsfähigkeit und der Fortpflanzung zeigt, ist nicht ein vorsätzlicher und funktionaler Prozess, ausgerichtet auf eine wer weiß wie edle Zukunft einer Spezies, sondern er zielt ausschließlich auf deren Gegenwart. Es ist ein einfaches und immanentes Begehren der Dominanz. Der Umstand, dass der Mensch erst seit einigen zehntausend Jahren die Vorherrschaft beansprucht, ist der Beweis für ihre Temporärität. Es braucht relativ wenig, damit sich dieser Stand der Dinge ändert. Das Gesetz der Wippe besagt nämlich, dass die Herren der Erde mal das Nashorn, mal der Mensch sind. Oder dass die Residenzen der Milchstraße mal der Mars, mal die Erde sind.

Die Anakonda

Einen Sturz aus dem siebten Stockwerk zu überleben, erscheint schier unmöglich. Bei einem aus dem vierzehnten oder gar fünfzehnten hingegen verdreifachen sich die Überlebenschancen sogar. Erwiesenermaßen hat man bei einem Sprung aus zwanzig Meter Höhe (was ungefähr sieben Stockwerken entspricht) gar nicht die Zeit, „sich entsprechend einzurichten", und knallt im Allgemeinen wie ein Klotz irgendwie auf den Gehsteig. Aus einer Höhe von vierzig oder fünfzig Metern hingegen kann der Aufprallwinkel geplant werden. Einige Unglückselige versuchen daher die Haltung eines Kunstspringers einzunehmen – mit dem Rücken voran, die Arme fest um die angewinkelten Beine geschlungen, die Füße gepointet –, andere versuchen es mit der Kugelform, wiederum andere die Kaninchen- oder Fötushaltung (eine der besten). Allen gemein ist natürlich, Kopf und Brustkorb zu schützen, die lebenswichtigsten Körperteile, während Schultern und Hüften als Bereiche gelten, die geopfert werden müssen. Eine weitere Übereinstimmung ist das Aufkommen von Visionen. Wer die Luzidität besitzt, sich auf den Aufprall vorzubereiten, erfährt paradoxerweise dabei eine entheogene Wirkung und hat psychodelische Halluzinationen. Einer zum Beispiel glaubte, einen anderthalb Jahre dauernden Sturzflug zu erleben. Ein anderer, dass seine Seele sich weitete bis zu den Quellen des Jiangtsekiang.

Fellatio

Ich habe Sophie gesehen, diesen Automaten der allerletzten Generation, und ich sage Ihnen, er ist fantastisch! Die Vermenschlichung ist beinah perfekt. Hätte man während des Interviews den Kopf voller Kabel und Transistoren nicht absichtlich unbedeckt gelassen, ich hätte wohl kaum mitbekommen, dass es sich um einen Roboter handelte. Noch aus einem weiteren Grund als dem intrinsischen hat mich das Szenario beeindruckt, es ließ mich an ein anderes geöffnetes Schädeldach denken: das von Ray Liotta in Ridley Scotts *Hannibal*. Auch dort zeigt die aufgesägte Schädeldecke – an einem gewissen Punkt – unmissverständlich die wahre Natur des menschlichen Wesens, indem es den Zuschauer wieder auf den Boden der Realität zurückholt: dorthin, wo sich auch der herrlichste Blowjob bloß als Ausbeute von Muskelkontraktion, neurovegetativer Beanspruchung und bakteriellem Austausch entpuppt. Was, wenn er einem nicht diese unfassbare Befriedigung verschaffte, sogar deprimierend wäre.

Dying well

Anfangs war es bloß ein Film, in dem er einen Mann sah, der aus unerfindlichen Gründen durch die Straßen von Chicago rannte. Das war ungefähr Ende der 1970er Jahre. Was, dachte er sofort, ist denn das für ein Vollidiot, der am Eingang des Daley Parks innehält, sich auf die nächste Parkbank setzt, seine Allen-Schuhe auszieht und in ein Paar Adidas schlüpft, um darin die nächste halbe Stunde wie ein elender Hund zu schwitzen? Doch keine zwanzig Jahre später hatte ihn die Obsession von Wellness und Sport vom Scheitel bis zur Sohle erfasst. Und das bedeutete Fitnessstudio. Bioprodukte. Nein zur Atomkraft. Erneuerbare Energien. Elektroauto. Ökohaus. Veganismus. Mittlerweile möchte er seinen Tod ebenso gut vorausplanen. Im Namen von „Dying well", der ultimativen Grenze der Wellnesswelten, sagt er zu seiner Frau: Wenn es so weit ist, füll mich in eine eiförmige Urne aus biologisch abbaubarem Material, die nach Sonnenuntergang grün leuchtet. Mit Himmelslaterne. Rap als Hintergrundmusik. Lass mich an einen urbanen, öffentlichen Platz bringen, damit ich der Gesellschaft in „erleuchtender" Erinnerung bleibe.

Träume

Was der „Traum“ ist und wie man ihn deutet, ist nach wie vor ein ungelöstes Rätsel (ich beziehe mich hier auf die psychischen Aktivitäten, die sich während des Schlafs entfalten, nicht auf irgendwelche Wunschvorstellungen). Nach Freud und wenigen anderen (wie Jung, Fairbain, Bonime) gab es auf diesem Gebiet keine nennenswerten Fortschritte mehr: Der Mensch konzentrierte sich vorwiegend auf seine praktischen Bedürfnisse – Technologie, körperliches Wohlbefinden, Komfort – und weniger auf Theoriegrundlagen wie das Studium der Philosophie oder der Psychoanalyse, wodurch er für einen unvermeidlichen Stillstand sorgte. Über die Traumarbeit wissen wir heute nicht viel mehr als vor fünfzig oder sechzig Jahren. Mit anderen Worten, sehr wenig. Wenn nun also einer daherkommt und Ihnen sagt, dass Warnträume nicht existieren oder Alpträume nur als Folge der Verdauung bestimmter Lebensmittel auftreten, dann tut er es ohne jede gesicherte Kenntnis. Heute Nacht habe ich Feuerströme durchschwommen, mit mehrköpfigen Ungeheuern gekämpft und bis zum Morgengrauen die Säle eines endlosen Gerichtsgebäudes durchmessen, wobei mir ein Amtsschreiber auf den Fersen war, der mir ständig sagte: „Spiel die 6 und die 7, spiel die 2 und die 12, spiel die 21 und die 24.“ Und das, obwohl ich zum Abendessen nur eine dünne Fleischbrühe getrunken habe.

Bauernfängerei

Zwei Geschichten über Bauernfängerei. Der erste Schurke handelt im Sinne eines Gauners, der zweite im Sinne einer unverschämten Person. 1) Gaunerei. Eine Stadtapotheke erwies sich als viel teurer als eine in der Provinz. Gestern, zum Beispiel, habe ich 18,50 gezahlt für ein Medikament, das 10 kostet. Das lässt sich – wie wohl es das Freihandelsgesetz so vorsieht – ausschließlich mit der Bauernschläue des Apothekers rechtfertigen, der seine Kunden für unterentwickelt hält. 2) Unverschämtheit. Einer Dame um die dreißig, schlank, Tattoo am Handgelenk, Piercing, attraktiv, modisch gekleidet, fällt in ebendieser Apotheke eine Tube Zahnpasta aus der Hand und mir genau vor die Füße. Aus Scheu und Taktgefühl rühre ich keinen Finger. Sie durchbohrt mich mit einem vernichtenden Blick, als hätte ich es versäumt, einen Wechsel zu bezahlen. Sie war wohl der festen Überzeugung, dass ich mich „pflichteifrig“ auf den Gegenstand, der ihr heruntergefallen war, hätte stürzen müssen. Als ob ausgerechnet ich einer subalternen Spezies angehörte.

Kinderklinik

Das Erstaunen des Doktor Hon Ching muss enorm gewesen sein: Schließlich passiert es nicht alle Tage, dass man vier Menschen quicklebendig im Inneren eines menschlichen Auges findet. Und doch war am Vorabend ein zehnjähriges Mädchen in Taiwan in die Notaufnahme gekommen und klagte über Schmerzen und Schwellungen an einem Auge; sie sei von einem Windstoß getroffen worden, sagte sie. Bei der entsprechenden Mikroskopie des Auges stellte der Arzt im Augeninneren die Präsenz von vier Menschen des Typs „Sudorant“ fest: eine winzige, kaum 4 Millimeter große Spezies, die den Schweiß und die Tränen ihrer Artgenossen anbetet. Den Menschlein, die mithilfe einer Pinzette herausgelöst und unmittelbar der Playmobil-Polizei übergeben wurden, geht es, wie verlautbart wurde, gut; sie werden einer Befragung durch Hicks, dem besten Freund des Drachen Ohnezahn, und Babydrache unterzogen. (Hicks mit Fliegeranzug, Helm und Feuerschwert – Babydrache schießt Pfeile aus dem Maul.)

Eine Woche in Saint Vincent

Das Leben und die Gewohnheiten des Schakals sind recht wenig erforscht. So wenig, dass unter dieser Gattungsbezeichnung zu Unrecht sogar vier Arten, nicht nur eine, erfasst werden: der Streifenschakal, der afrikanische Goldwolf, der Goldschakal und der Schabrackenschakal. Zoologen und Naturforscher hatten Schwierigkeiten, verhaltensbiologische Studien anzustellen, denn das fragliche Tier ist, anders als man annehmen könnte, scheu, ein Fluchttier, nicht besonders zugänglich. Ein Tier, dessen Ruf – mit Ausnahme der alten Ägypter, die es mit dem Gott Anubis gleichsetzten – durch üble Nachrede und literarische Darstellungen ruiniert wurde, das man zu Unrecht allein seiner Ernährungsgewohnheiten wegen an die Grenze des Erträglichen verbannt und als ein Ungeheuer verunglimpft hat. Angefangen bei Charles Dickens. Wenn Sie den Schakal rehabilitieren möchten, so heben Sie ihren Blick und malen Sie sich den leeren Bereich des Himmels aus, in dem sich jetzt der Asteroid 2006 QV89 befinden müsste, auf Kollisionskurs mit der Erde. Oder bohren Sie mit der Zunge am Gaumen, bis ein Loch von fünfeinhalb/sechs Millimetern entsteht, und haben Sie Vertrauen. Denn nur dem Anschein nach – daran erinnert Simenon – haben die beiden Dinge (oder fünfeinhalb/sechs Millimeter) keinerlei Bezug zueinander.

Rapasuco

Beste Freundin, machen wir doch einmal einen Überschlag. Wenn allein in der Milchstraße, die laut Astronomen bekanntlich unsere schöne Galaxie ist, wahrscheinlich bis zu 10 Milliarden Doppelgänger des Planeten Erde existieren, denk doch nur, wie viele Erden es dann im gesamten Universum geben könnte, wo es der „beobachtbaren" Galaxien mehr als 100 Milliarden sind. Und demzufolge, wie viele menschliche Wesen rein hypothetisch dort existieren könnten. Wir sprechen hier von einer unvorstellbaren Zahl. Und in Anbetracht dessen, dass es sich um identische Planeten unserer Erde, in allem perfekte Kopien, handelt, könnten wir die Theorie aufstellen, dass sie Klone von uns in einem jeden der Naturreiche enthalten: im Mineralien-, Pflanzen- und Tierreich. Folglich vom kleinsten Stein Australiens bis zur heutigen Gesamtbevölkerung der Vereinigten Staaten, just so, wie wir sie vorfinden. Weshalb also so viel Aufhebens darum machen, dass ich dir gestern Abend an den Po gegrapscht habe. Ist doch nur einer von Milliarden und Abermilliarden möglichen deiner Pos im Universum.

Friseur

An der Aussage „Bei der Beisetzung von Nelson Mandela war ich so gerührt, all diese Menschen, die offiziellen Reden, die Staatsoberhäupter“ wäre nichts Bemerkenswertes, sähe man von der Tatsache ab, dass an dem Tag, als sie gemacht wurde, dem 2. August 2008, um 16 Uhr, und zwar im Friseursalon Gino's, auf der 45., von Mrs. Aldine Oliviero, einer 74-jährigen Puerto Ricanerin, Nelson Mandela noch gar nicht tot war.

Aspirin

Die ersten Versuche mit Aspirin beim Menschen waren eine echte Katastrophe. Obwohl man der Überzeugung war, an einem Meilenstein angelangt zu sein, hatte das synthetisierte Molekül nur einen sehr geringen Effekt auf die Analysenprobe. Es war scheinbar völlig irrelevantes Ereignis, das den Grundstein dafür legte, um jenes Arzneimittel zu dem Produkt zu machen, das heute jeder kennt. Tatsächlich hat einer meiner Großonkel, künftigen Moden um Längen voraus, sich ein Ohrloch stechen lassen mit der Absicht, eine goldene Creole zu tragen. An ebendiesem Abend forderte er seine Familie auf, in das winzig kleine Loch zu schauen und erklärte, sie würden dadurch Unglaubliches erblicken: Es sei ein Tor zu jedem ihrer eigenen, ansonsten unerkennbaren Universen. Mein Vater, damals noch ein junger Bursche, war einer der wenigen Augenzeugen. Er gab an, dort den Eingang zum Ristorante GALLO D'ORO gesehen zu haben, wo die Eltern Hochzeitstag feierten und eine Menge Leute in der Nähe des Saals warteten. Er gab an, weiter hinten den Rauch und den Dampf aus der Küche gesehen zu haben. Das Küchenpersonal beim Abwaschen. Zwei streitende Köche, jeder mit einem Kapaun in der Hand. Das kleine Fenster, das auf den Hinterhof ging, die Straße, die zwischen den Nischen und Gassen hindurch zu einem dunklen Zimmer führte, in dessen Inneren jemand durch das Loch eines Ohrrings äugte. In dem, so behauptete er, dieselbe Szene wieder von vorn losging. Wieder und wieder. Wahrscheinlich bis ins Unendliche.

Norden

Jedes Mal, wenn ich mir den Norden vorstelle oder mir jemand oder etwas abnötigt, dorthin zu weisen, blicke ich instinktiv geradeaus, auch wenn ich ihn dann sofort, wieder gefasst, anhand meiner Position räumlich völlig korrekt ausmache (es versteht sich von selbst, dass diese nicht immer den Angelpunkt anvisiert). Ich fragte mich, ob es sich bei der vorübergehenden Unkonzentriertheit nicht eher um ein Erbe aus meiner Vorvergangenheit handelt: Wahrscheinlich kamen meine Vorfahren aus dem nicht näher definierten geografischen Süden und waren gen Norden unterwegs auf der Suche nach besseren Weideflächen, reicheren Jagdgründen, weniger kargen Ackerflächen, ja vielleicht sogar nach einem Neuanfang, was der Grund dafür ist, dass jener Punkt immer vor ihnen lag. Das beständige Ziel. So also haben sie den Nachfahren folgende Botschaft im Hippocampus hinterlassen: „Der Norden ist unsere Destination, schaut immer nach vorn“.

Etymologie

Wenn ich bedenke, dass uns die Etymologie mehr oder weniger stichhaltig fast alles über die Herkunft sowie die semantische und phonetische Entwicklung eines Wortes verrät außer den wahren Grund, weshalb es das allererste Mal ausgesprochen wurde, das heißt, nichts darüber, warum beispielsweise die Laute x – xa – xb ursprünglich mit einem bestimmten Begriff, Tier oder Ding gekoppelt waren, um sie jeweils zu definieren, und nicht mit einem anderen Begriff, Tier oder Ding, die ihrerseits mit den Lauten y – ya – yb definiert wurden, was aufzudecken das wirklich Interessanteste wäre, komme ich nur zu dem Schluss: Es handelt sich um eine vollkommen willkürliche Verkoppelung als Resultat purer Improvisation. Ich denke daher, dass es einzig und allein dem Zufall zu verdanken ist, dass sich bestimmte Wörter ausgebildet haben und nicht andere, höchstens einer gutturalen Laune, die in einer Höhle aufgekommen ist. Folglich ist es reiner Zufall, dass die Gazelle nicht Schwein und das Schwein nicht Gazelle genannt wurde. Und dennoch, wie könnten wir uns vorstellen, dass sie diese unwahrscheinlich hohen und weiten Sprünge macht oder leichtfüßig durch das Savannengestrüpp sprintet, während eine derartige Bürde auf ihr lastet?

Zahlen, die nicht existieren

Innerhalb des Zeitraums, der zwischen dem Ausfall des Haars 137 und dem des Haars 2451 liegt, beharrt jede Zahl, gemäß eines „Linie der Nichtzweideutigkeit" genannten mathematischen Gesetzes auf ihrem Existenzrecht. Der Autobus 39 beispielsweise gelangt, nachdem er die gesamte

Ringstraße passiert hat, auf die Piazza Matteotti; die 8 wird mit 20-wöchiger Verspätung bei der Bari-Lotterie gezogen; die 0 wird auf der Tastatur eines Geldautomaten in der Via Gentili 11-mal eingegeben; die 5 wird von meiner Kosmetikerin hinsichtlich einer bestimmten Zeitspanne erwähnt und so weiter. Was die Nichtzahlen betrifft, nämlich unterschiedslos alle, die wesentlich prägnanteren und komplexeren Prinzipien unterliegen, gelten eine andere Regel und andere Zeitmaße. Sie verharren an stillen und sonnigen Orten: Terrassen, leeren Innenhöfen, Häuserfassaden, unbestellten Feldern, in Erwartung des einzigen, sie betreffenden mathematischen Gesetzes – der „Super-Saturn-Linie". Nur Ereignisse wie ein magnetischer Sturm oder das bekannte Aussterben der Dinosaurier in der Kreidezeit geben ihnen das Recht eines Daseins. Selten ist das Phänomen, das die ganze Hausgemeinschaft gerade beobachten kann und heute ausnahmsweise in Erscheinung tritt: eine Taubenfeder, die schwebend in der Luft bleibt.

Der Richter

Wären Sie in der Rolle des Gerichtsvorsitzenden gewesen, hätten Sie eine harte Nuss zu knacken gehabt. Er vertraute der Haushälterin – mit der er nur selten über die Arbeit sprach – an, dass er vor einem Problem stehe, dessen Ausgang bis zum letzten Moment ungewiss sei. Ein ungewöhnlicher Umstand, fügte er hinzu, angesichts dessen, dass der Richter seit Menschengedenken mit bereits festgelegtem Urteil im Kopf das Ende des Prozesses abwartet. In dreißig Jahren Gerichtsverhandlungen, schloss er, während er sein Glas Grog abstellte und sich in Komplimenten über den gelungenen *Bumboo*-Cocktail erging, sei ihm dergleichen noch nie passiert: ein einfacher, aber schwieriger Fall, klar, aber obskur, lückenlos, aber durchaus mangelhaft, fesselnd, aber öde, erschreckend, aber witzig. Genau das waren seine Worte.

Tarzan

Obwohl die Historiker das Ereignis auf ganz andere Umstände zurückführen, sind wir der festen Überzeugung, dass unsere Ära mit jenem filmischen Einzelbild und dem dazugehörigen, im passenden Moment ausgestoßenen Schrei zusammenfällt. Es ist der letzte Flug des Schauspielers, am 2. Juli 1948, der auch als der spektakulärste gilt, als Johnny Weissmuller sämtliche Rekorde bricht und von einer Liane zur anderen in fünfzig Meter Entfernung schwingt – ohne den geringsten Fehler. Er ist es gewöhnt, verhaltener zu springen, weder hat er das Bedürfnis, noch besteht die Notwendigkeit, über sich hinauszugehen. Doch in *Tarzan, der Affenmensch* versucht er den großen Auftritt, und es gelingt ihm zum wiederholten und letzten Mal, den Halt nicht zu verfehlen. Die Szene dringt natürlich in sämtliche Winkel des Planeten vor, sogar bis zu jenem rotem Holzhäuschen im Nordwesten von Vermont, wo ein älteres Ehepaar bei laufendem Fernseher zeitgleich sein Leben aushaucht. Von den beiden weiß man wirklich wenig, nur dieses laue und unvorhersehbare Ableben. Ein Büschel verblasster Haare, das eine Enkelin in Baltimore noch aufbewahrt und ein bisschen alter Krempel, den einige Nachbarn aufgekauft haben. Sonst nichts. Nicht einmal, wer von ihnen den anderen in jenen letzten unnatürlichen Minuten überlebt hat: mit einer noch warmen Leiche auf dem Sofa und Tarzan, wie er sich durch die Lüfte schwingt.

Itaren

Nach dem Untergang des Eisbrechers Itaren versuchte die norwegische Regierung, das Wrack zu bergen, und entsandte zu diesem Zweck eine Gruppe Militärs und zwei Spezialeinheiten der Königlichen Marine von Oslo. Im Grunde nichts Außergewöhnliches, nur dass zwei Taucher, als sie wieder an die Wasseroberfläche kamen, Folgendes berichteten: In einer der Mannschaftskabinen hatte sich eine Luftblase gebildet, die das Geschehen im Moment des Sinkens einfror. Der Fernseher lief immer noch, sendete nur mehr horizontale Linien, einer der Offiziere war erstarrt, als er gerade nach einer Schreibfeder griff, und ein Papiertaschentuch, das vom Tisch gefallen war, hatte den Boden noch nicht berührt. Direkt unter der Koje konnte man Kakerlaken erkennen, drei oder vier, das war nicht deutlich, die damit beschäftigt waren, an einem Zuckerwürfel zu schaben, der sich unglaublicherweise kontinuierlich neu zusammensetzte.

Bis zu diesem Zeitpunkt

Am 8. Mai des Jahres 1901 erwachte das Fräulein G. in bester Laune. Sie machte sich einen starken Schwarztee, aß zwei Kekse, schlürfte einen glühend heißen Mandarinengrog. Nachdem sie den Kleinkram erledigt hatte, entschied sie, dass nun der Zeitpunkt gekommen sei. Sie schloss die Wohnungstüre ab, zog die Vorhänge zu, entrollte ihre sieben Meter lange Zunge und fing an zu reden. Und redet noch immer, bis zum jetzigen Zeitpunkt.

Ein Polizist

Ich gebe hier eine Szene wieder, die einen stutzig macht: In der Via Gaetano Daita in Palermo stellt ein Polizist sich selbst ein Strafmandat aus, weil er sein Auto in der zweiten Reihe geparkt hat. Kaum zu glauben, was dann weiter passiert: Er sucht nach guten Gründen in der Hoffnung, sich selbst milde zu stimmen, sagt, er habe nur für eine Minute angehalten, diese Stadt sei unmöglich, die Polizisten lauerten einem auf wie die Schakale. Aber nichts zu machen. Es gelingt ihm nicht, sich selbst zu überzeugen. Er bleibt unerbittlich.

Hummer, Kaviar und Austern

Bis zu Beginn des 20. Jahrhunderts galt Hummer als Nahrungsmittel von minderer Qualität. Amerikanische Fischer beispielsweise nutzten Exemplare, die versehentlich in ihren Fang geraten waren, um damit die Felder zu düngen oder höchstens noch als Köder, um wertvollere Fische zu fangen. In den Gefängnissen war Hummer, weil er nicht viel kostete, das gewöhnliche Knastessen. Sogar Kaviar war in der Antike nichts weiter als ein Grundnahrungsmittel für die Fischer, die ihn dem Bauch des weiblichen Störs entnahmen, bevor sie den Rest des Tiers verkauften. Und auch hier setzt erst im 20. Jahrhundert der Prozess seiner Aristokratisierung ein, der aus dem Kaviar das heutige Statussymbol macht. Anders verhält es sich mit den Austern. Aus Samuel Pepys (bedeutender Verwaltungsbeamter am englischen Königshof) *Die Tagebücher 1660–1669*: 27. Februar … „Zum Frühstück habe ich sehr viele Austern gegessen, die schönsten, die ich in diesem Jahr gesehen habe."

Mehr oder weniger Minuten

Die Zeit für einen Kaffee. Ungefähr zwei Minuten, wenn der Espresso in einer Bar zubereitet wird, fünf bis sechs Minuten, wenn er aus der eigenen Küche kommt. Im Restaurant kann man schon mal eine Viertelstunde auf seinen Espresso warten, und wird er im Haus von Freunden eingenommen, können sogar Stunden vergehen. Eine ungenaue Angabe also, nichts, was ernsthaft mit einem Zeitmaß zu tun hat, nichts, was als zuverlässige Referenz brauchbar wäre. Und dennoch, wenn jemand den Vorschlag macht, akzeptiere ich die Formulierung ohne Vorbehalte, trotz ihrer Ungenauigkeit. Aber auf eigenes Risiko eben dieses Jemands. Ich rechne damit, dass mehr oder weniger Minuten vergehen, innerhalb derer die Achtung, die ich ihm, dem Jemand, entgegenbringe, nach und nach abnimmt, im selben Maße, wie meine Aufbruchsfreude zunimmt.

Liebe zur Musik

Auch wenn Haruki Murakami ein unermüdlicher Erzähler von unzweifelhafter Bravour ist, stimmt zuverlässig etwas mit seinen Figuren nicht. Und das nur aufgrund der unbezwingbaren Leidenschaft, die der Schriftsteller für die klassische Musik „hegt". Jeder stößt an seine Grenzen. Haruki kann nicht umhin, einem jedes Mal den Nerv mit dieser Hintergrundmusik zu rauben, und sei es bei der Beschreibung einer berüchtigten Bar, wo seine Figuren mal kurz vorbeischauen, nur um ein Sandwich zu essen. Das Schlimmste ist, dass sie jedes Mal auf Anhieb den Namen des fraglichen Musikstücks, die Nummer im Werkverzeichnis und sogar den Interpreten erkennen, wissen, in welchem Konzertsaal es gespielt und aufgenommen wurde, obendrein natürlich das Musiklabel und das Jahr der Aufnahme. Unmöglich so was. Und unerträglich.

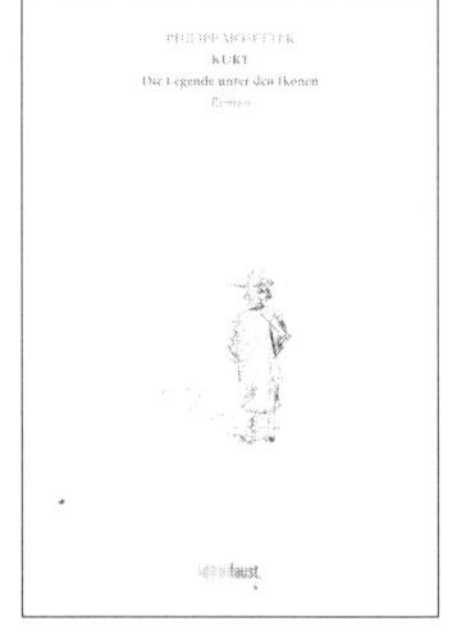

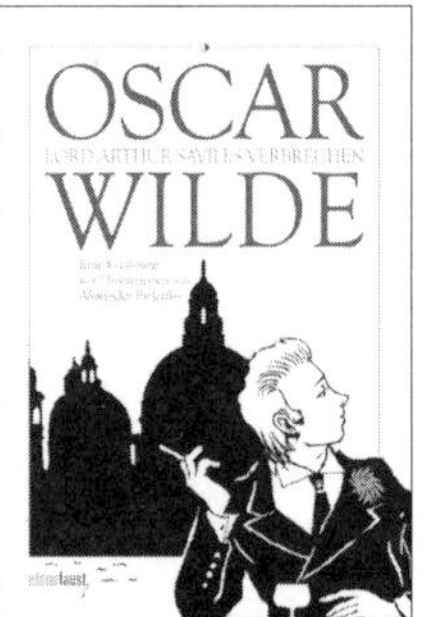

editionfaust